彌勒佛50問

學佛入門Q&A

法鼓文化編輯部 編著

〈導讀〉

滿心歡喜信、願、行

彌勒信仰不僅在中國佛教發展史上占有重要的地位，在中亞、東亞、東南亞地區，都經歷了漫長的發展歷史，留下許多珍貴的佛教文化瑰寶。

兜率天宮　龍華三會

中國所翻譯的「彌勒三經」，其中的《彌勒上生經》，敘述彌勒菩薩教化諸天於兜率天，描寫兜率天宮的莊嚴妙麗，以及稱念彌勒菩薩名號的功德利益等。《彌勒下生經》和《彌勒大成佛經》則含括完整彌勒菩薩下生人間成佛因緣，及其國土成就的細節。從下生、出家、學道到龍華樹下成道的過程外，並記述彌勒開演龍華三會和廣度眾生的概況。

彌勒造像在中亞及東亞的數量可觀，圖像樣式也有多種變化，雕塑、繪畫、造像碑都有彌勒圖像的出現。因爲地域特色不同，幅員遼闊，加上歷時的變化，彌勒樣貌繁多複雜，配置及圖像結構也變化多端，這些歷史遺存的彌勒圖像是佛教藝術重要且豐富的作品。

彌勒圖像內容豐富多元，包括描繪兜率天宮的莊嚴國土、龍華三會說法圖、半跏思惟的彌勒菩薩像、倚坐彌勒佛、交腳彌勒菩薩像等。它們的源流及變化代表著歷史的痕跡，影響深遠。造像中的題記及祈願內容，也成爲今日研究彌勒信仰重要的依據。

至於布袋和尚，則是彌勒信仰來到中國後的親民形象。常見的彌勒像，大多是體型肥碩、開襟坦腹、開懷大笑的樣貌，令人見之而頓忘煩憂：「大肚能容，了卻人間多少事；滿腔歡喜，笑開天下古今愁。」

唯識瑜伽　彌勒決疑

彌勒菩薩被尊爲「瑜伽行唯識學派」的開創始祖，是因《瑜伽師地論》爲瑜伽行唯識學派的根本論，而傳統上認爲，《瑜伽師地論》是彌勒菩薩所說，無著記錄。

在中國，彌勒信仰始於晉代，受到道安大師的提倡，極盛於南北朝，在唐代又逐漸轉化演變，與天台宗、法相宗、淨土宗、禪宗、律宗，乃至密宗，都有多方面的互動影響，這些交流爲彌勒信仰注入新的成分。然而因爲彌陀淨土法門的流行，求生西方極樂世界，成爲多數人的往生目標，或許這是彌勒信仰由盛趨衰的關鍵因素。然而，在這樣的變化中，許多祖師大德，仍以彌勒淨土爲依歸，除了可往生兜率淨土，「彌勒決疑」也是一大原因，因爲很多修行者都希望彌勒菩薩能解答自己的修行難題。例如東晉的道安大師在編輯漢譯佛經時，每遇到說明不清、難以解釋的部分，便想請彌勒菩薩爲他解決疑惑，時常帶領弟子在彌勒像前立誓，願生兜率內院，參與將來的龍華三會，與彌勒佛一起廣度衆生。而唐代玄奘大師，在聽說無著與世親都應願往生兜率奉侍彌勒菩薩後，因此更加精進求生兜率內院。在藏傳佛教中，如阿底峽、宗喀巴等多位重要大師，他們也都發願往生兜率天。

近代的太虛大師、慈航法師、成一法師，都是發願往生兜率內院。太虛大師以彌勒淨土與娑婆世界同在欲界，以及彌勒菩薩未來下生在娑婆世界成佛，認爲彌勒淨土與此界衆生最爲有緣。印順長老更以彌勒菩薩「具凡夫身，未斷諸漏」的榜樣，點出彌勒菩薩「凡夫成佛」的典範，非常適合大衆學習，他鼓勵大衆發心做一個有煩惱的「凡夫菩薩」。儘管凡夫具煩惱身，但仍要生生世世爲大衆利益著想。印順長老的著眼點不只在於人間建立淨土，更期許大眾發菩提心，由學彌勒菩薩的菩薩行而成爲菩薩。印順長老在《成佛之道》提到：「正念彌勒尊，求生彼淨土，法門最希有，近易普及故。」原來兜率淨土離我們現生的欲界最近；同時最容易抵達，只要：發增上心，皈依三寶，清淨持戒，如法布施，再加發願往生，稱念「南無當來下生彌勒佛」，就能往生兜率淨土——成佛的先修班。

淨土抉擇　滿心歡喜

彌勒信仰有許多重要的課題，值得更多的探討。例如：彌勒信仰的起源爲何？彌勒成佛時的世界是什麼樣子？往生兜率淨土的條件爲何？如何持誦彌勒經典？如何以知足常樂的彌勒精神快樂生活？如何學彌勒佛思考人生？這些有趣的問題在《彌勒佛50問》有精彩的解答，可做爲大眾抉擇淨土的參考，爾後，滿心歡喜地由信堅願深而樂行。

釋覺謙

新竹永修精舍住持

北投覺風佛教藝術學院院長

楊英風藝術研究中心負責人

目次

1 認識彌勒佛

2

彌勒菩薩的兜率淨土

3 學習彌勒佛有方法

4 彌勒慈心皆大歡喜

1

認識彌勒佛

Question

01

彌勒佛爲何是未來佛？

彌勒菩薩是繼釋迦牟尼佛之後，將在人間成佛的第二位佛，稱爲彌勒佛或未來佛。彌勒菩薩現居於兜率天，將降生人間成佛，他的任務是在未來世界成佛後，將佛陀的教法傳授給大眾，並且將娑婆世界變成美好淨土。

佛陀接班人

經典中，彌勒菩薩是親蒙佛陀授記成佛的未來佛，可說是佛陀指定的接班人。彌勒有時是優雅的沉思菩薩，有時是高髻寶冠的交腳菩薩，有時又搖身一變爲手提布袋的胖和尚，無論彌勒的樣子是菩薩或佛，無論是否爲佛教徒，大家都喜歡親近他。

（李澄鋒　攝）

彌勒的梵文Maitreya，是印度常見的婆羅門姓氏，中譯爲慈氏，意爲慈愛。根據《小部．經集》的〈彼岸道品〉，帝須彌勒（Tissa-metteya）與阿耆多（又譯爲阿逸多）是佛陀的兩位弟子；《中阿含經》記載佛陀授記他們兩位，一位成佛，一位成爲轉輪聖王。

但在大乘經典中，彌勒即是「阿逸多」。根據《觀彌勒菩薩上生兜率天經》（簡稱《上生經》）所說，西元前六世紀，彌勒菩薩出生於印度婆羅門家庭，名爲阿逸多，他是佛陀的弟子。

下生人間成佛

佛陀多次在經典中當衆授記彌勒未來成佛，卻有比丘對彌勒成佛一事存疑，依《上生經》記載，持戒第一的優波離尊者向佛請示：「過去的經典中有記載，說阿逸多將在世尊之後，次當成佛，但是眼前的彌勒仍是凡夫之身，煩惱也未斷，這人命終之後當生何國土？」佛向在場大眾宣布：「彌勒必當成佛，十二年後將比我先入涅槃，命終即往生兜率天內院，在那裡教化有緣者。」十二年後，彌勒果眞如佛所言，先入涅槃，上生兜率天彌勒內院說法度眾，等待降生到人間成佛。

彌勒菩薩上生到兜率天後，需要經過五十六億七千萬年（另有一說爲五十七億六千萬年），再轉生人間度化眾生。等待彌勒成佛的時間看似漫長無邊，其實建設人間淨土，不僅是佛陀接班人的彌勒佛使命，人人都應以「佛陀接班人」自勉，學佛發菩提心，廣種福田，讓自己所在之處即是淨土！

Question

02

爲何稱彌勒菩薩爲慈氏菩薩？

關於彌勒菩薩爲何稱爲慈氏菩薩，有許多種說法。有說彌勒是姓，中譯爲慈氏；阿逸多是名字，意爲無能勝；因此，姓名的意譯則爲「慈無能勝」，表示彌勒菩薩的廣大慈心，多生累劫以來修持慈心三昧，沒有人能勝過他。

修慈心三昧

《華嚴經》說：「彌勒最初證得慈心三昧，從是已來，號爲慈氏。」彌勒之所以被稱爲「慈氏」，是因爲修「慈心三昧」，慈心無人能勝。慈心三昧即是慈心觀，消除妄想雜念，遠離瞋恨心，專致慈悲心，願一切衆生離苦得樂。能於一切時一切處，不起殺想，不食衆生肉。

（鄧博仁　攝）

悲憫眾生

《大乘本生心地觀經》說：「彌勒菩薩法王子，從初發心不食肉，以是因緣名慈氏，爲欲成熟諸衆生。」此一故事來自《一切智光明仙人慈心因緣不食肉經》（簡稱《不食肉經》），述說彌勒菩薩過去生發願不食衆生肉的因緣。

而在《賢愚經》中，則介紹彌勒本是輔相之子，之後追隨佛陀出家，母親的脾氣本來很壞，懷胎之後得胎兒慈心所感，變得仁慈溫柔、悲憫衆生，所以將兒子取名爲彌勒。《賢愚經》裡，還提及彌勒菩薩過去世爲國王時，曾見一比丘入慈心三昧後，大放光明，因而發願修學此三昧。

無論彌勒菩薩被稱爲慈氏菩薩的緣由爲何，都與慈心有關。而慈心觀也成爲彌勒法門的特點，希望所有的衆生都能平安快樂。

Question

03

布袋菩薩和彌勒菩薩有何關係？

根據《景德傳燈錄》及《神僧傳》記載，五代後梁時，有位體型肥胖、笑口常開的和尚，從小被農戶收養，自稱「契此」，手拿布袋，遊化在浙江奉化一帶，人稱布袋和尚，也是彌勒菩薩度化眾生的示現。

放下布袋，何等自在

布袋和尚有許多神異的事蹟。他夜宿戶外雪地，非但沒有凍傷，起來時還雪不沾身。向商家化緣某件物品，那件物品立刻就會銷售一空。見到人吃東西，就伸手討要，一半入口，一半放進布袋，遇到貧窮人家，再從袋裡拿出食物濟助。如果天快要下雨，他便穿著濕草鞋，在市街上快步疾行；如果快要放晴，就會看到他穿著高腳木屐，在市橋上仰身大睡，居民以他的行事做爲天氣預報。

（吳瑞恩　攝）

布袋和尚留下許多著名偈頌，如：「來時布袋，去時布袋，放下布袋，何等自在。」有人問他有無法號？他回答：「我有一布袋，虛空無罣礙；展開遍十方，入時觀自在。」再問他有無行李？他回答：「一鉢千家飯，孤身萬里遊；青目睹人少，問路白雲頭。」在接受農夫的供養後，他為農夫說法：「手把青秧插滿田，低頭便見水中天；六根清淨方為道，退步原來是向前。」

時時示世人，世人自不識

布袋和尚後來在岳林寺無疾坐化，並且在大石頭上留下一偈：「彌勒真彌勒，化身千百億；時時示世人，世人自不識。」從此，布袋和尚就被世人信為彌勒菩薩的化身了。奉化岳林寺是著名的彌勒道場，宋朝時，該寺便依布袋和尚的形像塑造彌勒菩薩像，後世的各處寺院爭相仿效，在三門樹立坦腹開懷的布袋和尚像，迎接來訪的香客。

Question

04

法相宗和彌勒菩薩有何關係？

法相宗是中國佛教大乘八宗之一，又稱唯識宗、慈恩宗。法相宗尊奉印度大乘佛教自彌勒、無著、世親相承而下，直到護法、戒賢的瑜伽行唯識學派的學說，宣揚法相、唯識的義理，以「一本十支」爲典據：即以《瑜伽師地論》爲本，以《百法明門論》、《五蘊論》、《顯揚聖教論》、《攝大乘論》、《雜集論》、《辯中邊論》、《二十唯識論》、《三十唯識論》、《大乘莊嚴經論》、《分別瑜伽論》爲支。

《瑜伽師地論》的作者

彌勒菩薩被尊爲瑜伽行唯識學派的開創始祖，是因《瑜伽師地論》爲瑜伽行唯識學派的根本論，而傳統上認爲，《瑜伽師地論》是彌勒菩薩所說，無著記錄。

《婆藪槃豆法師傳》說無著爲了訪求究竟之法，利用神通入定到兜率天，向彌勒菩薩受教大乘空觀；他不但上生兜率天受教，還禮請彌勒菩薩下降人間，經四月夜，爲人間隨說隨解《十七地經》，無著一旁記錄，便成爲《瑜伽師地論》。

關於《瑜伽師地論》的作者，歷來有其他不同說法，有認爲是中印度的同名論師，有認爲是無著論師，有認爲是一群印度瑜伽師所集成。印順長老於《印度佛教思想史》書中，則認爲彌勒信仰在北印度由來已久，無著師承北印度彌勒信仰，修彌勒觀行得見彌勒菩薩，而能解惑，這是瑜伽行者定境的修驗現象。

以彌勒的瑜伽學說為根本

中國的彌勒信仰自東晉道安大師首倡以來，影響最大者可說是玄奘大師。玄奘大師在翻譯《瑜伽師地論》時，起頭就標明是彌勒菩薩所造，而他前往參學的印度那爛陀寺，便是瑜伽行唯識學派的根據地。玄奘大師回國後，翻譯彌勒、無著、世親的著作，讓唯識學思想得以在中國推廣，進而有了中國的法相宗。

法相宗的成立根本，在於彌勒的瑜伽學說基礎，所以法相宗修行者信仰彌勒。法相宗的高僧如玄奘大師、窺基法師，不但崇信彌勒，更致力於推廣彌勒信仰，希望往生兜率後，皆能隨彌勒菩薩下生人間。

Question

05

彌勒佛是救世主嗎？

彌勒菩薩是一生補處菩薩，將繼承釋迦牟尼佛的佛位，許多經論中都有佛陀將正法託付給彌勒的記載，由於這樣的特性，使得自古以來，彌勒菩薩就與政治難以脫軌，被很多人視為是救世主，能拯救世人脫離苦難。

例如古印度的貴霜王朝（西元一世紀至三世紀），就藉由彌勒下生信仰，發展成佛教政治。佛教從印度傳到中國也是如此，唐代武則天利用彌勒信仰的推動，做為政治目的，而不少農民起義，如白蓮教、彌勒教也打著「彌勒下生，明王出世」的口號，發起動亂或篡奪政權。

正法治世，佛化天下

勝者自詡為彌勒下世，敗者被帝王貶低為邪魔外道，他們打著「彌勒下生」的口號，實際上卻曲解經文。根據《彌勒下生經》（簡稱《下生經》）的記載，未來世界的「轉輪聖王」是以「正法治化」，乃至「不以刀杖，自然靡伏」。經文說王有七寶，其中以「金輪寶」最為厲害，其實金輪寶就是正法流布的象徵，只要做到守護正法、教誡正法等，金輪寶自然當現。換句話說，不是以威武為政，而是要以德服人，顯然與假藉彌勒下生名號進行爭權奪利的政治鬥爭，是絕對相反的。

究其原因，一方面除了彌勒菩薩必定到來人間救苦救難的預言，形成一種類似基督教的彌賽亞救世思想，另一方面，也因許多彌勒的經典有末法思想。例如《彌勒大成佛經》不但說到「彌勒佛住世六萬億歲」、「正法住世六萬歲」，還說到「像法二萬歲」，顯然已有「正法、像法、末法、滅法」的思想。依佛

（法鼓文化資料照片）

經說法，在滅法之後，即是彌勒菩薩下生的時候。

末法時代非世界末日

彌勒信仰與末法思想的結合，使得每到亂世，人們就會更期待彌勒下生救世。近年由於生態環境嚴重破壞，氣候急速變遷所引發問題層出不窮，而有許多末日將臨的謠言。值此關鍵年代，正信的彌勒信仰，更值得現代人認識。

佛教對於地球世界的遠景，仍是非常樂觀的。首先，彌勒下生人間的時間，離現代還很遙遠，至少還要五十六億年之後，而且那時候的世界早已有了永久的和平，是一個人間淨土的實現。

佛經所說的末法時代，是偏向於精神、道德的毀壞與淪喪，主要來自於六道眾生的為惡，而非物質面、器世間的毀滅。因此，佛教認為的末法時代與現代人擔憂的世界末日，是完全不同的兩回事。我們雖然可以寬心看待未來發展，但也要隨時警惕。因爲從彌勒的經典來看，淨土的美好與人性良善是同等重要，兩者是相輔相成，缺一不可的，仍需透過我們的努力來拯救自己與世界的未來。

Question

06

五觀堂為何供奉彌勒像？

佛教寺院的食堂稱為齋堂，又名五觀堂。為何五觀堂不供奉釋迦牟尼佛，而是供奉彌勒菩薩呢？

這與寧波天童寺的一段趣聞有關，自五代的梁代以來，寺中齋堂南面設有方丈法座，早已是歷史悠久的慣例。某日中午，寺裡不請自來一位兩耳垂肩的胖比丘，午餐時間未到，他卻大剌剌地坐在方丈和尚座位喊要吃飯，無論僧值師如何勸說都不願下座，請來一群法師幫忙也推不動他。無可奈何下，僧值師只好揪住胖比丘的耳朵逼他下座，未料耳朵居然跟著拉了三公尺長，而胖比丘的身體卻在原地一動也不動。

大家都被異象嚇住，方丈和尚密雲圓悟見狀對胖比丘說：「請您慈悲大眾的

五觀堂
食存五觀
一、計功多少量彼來處
二、忖己德行全缺應供
三、防心離過貪等為宗
四、正事良藥為療形枯
五、為成道業應受此食

（李東陽　攝）

無知愚昧吧！」讓人在進門的位置另設法座。想不到結齋時，眾人望向方丈法座時，胖比丘不知何時早已不見，這時方丈才說：「今天蒙彌勒菩薩慈悲光臨本道場，本寺從今以後，本來給方丈的法座不准任何人坐上，而設在進門位置的法座保持下來，方丈和尚以後就與大眾同坐北面。」

因此，天童寺至今仍在齋堂設兩個法座，並以一偈為紀念：「彌勒示貧相穩坐主位，當糾察拖耳耳拖長；密祖現海量喜讓客居，命侍者移座座移位。」沿至今日，許多寺院的五觀堂中，仍舊在中央供奉一尊彌勒像，大多是體型肥碩、開襟坦腹、開懷大笑的彌勒佛，有的則是頭戴天冠、半跏思惟的彌勒菩薩。

Question 07

彌勒佛與彌勒菩薩有哪些常見造形？

我們現今所見的彌勒佛是位胖呵呵的和尚，其實他自古以來樣貌多變，大致可分爲菩薩形、如來形和僧人形三類，主以《上生經》和《下生經》、《宋高僧傳》的介紹爲造像依據。

從天上彌勒到下生彌勒

做爲未來佛，彌勒信仰在佛滅度後相當興盛。最初，彌勒造像多爲交腳的菩薩造型，象徵在兜率天等待下生，然而自北魏彌勒下生信仰盛行後，開始以未來佛的形像出現，雙腳自然垂下（即善跏趺坐、倚坐），並且手結說法印。

思惟像也是彌勒菩薩令人關注的形像。造像常爲翹足坐姿，一手置於腳上，

（李蓉生　攝）

一手支頤作思惟狀，呈現出閒適、優雅的姿態，稱作「半跏思惟像」，除了敦煌莫高窟和雲岡石窟外，日本、韓國都留有許多彌勒思惟像。

歡喜的大肚彌勒佛

宋代後，因融合了五代時期布袋和尚契此的傳說，彌勒化身背著一口乾坤袋，坦胸大肚、面帶笑容的比丘，成爲一般人所熟知的大肚彌勒。

由彌勒造像的不同時期變化，可以看到彌勒信仰的發展方向，從嚴謹傳承佛陀教法的肅穆宗教，開展出歡喜自在的人間性格，也讓人們更容易親近佛教。

Question

08

彌勒信仰的起源爲何？

彌勒信仰在印度早期即已存在，彌勒菩薩也是印度的四大菩薩（彌勒、文殊、普賢、觀音）之一，而且是眞有其人，許多大小乘、部派經典都有彌勒菩薩的記載，如《增一阿含經》、《賢劫經》等經典，皆以彌勒菩薩爲未來出現之第一佛。

西北印度盛行彌勒信仰

印度的彌勒信仰，以西北印度最盛，透過文化交流與佛法傳布，一路傳到西域，成爲絲路地區的普遍信仰，從法顯、玄奘大師西行求法的紀錄中，可見彌勒信仰在西域與印度的流行，「彌勒三經」的譯者也正好都是西域僧俗。

（王育發　攝）

最早傳入中國的淨土法門

彌勒信仰約在西元四世紀時傳入中國，極盛於南北朝，是中國早期最爲流行的淨土法門。彌勒菩薩所在的兜率天，與娑婆世界同屬欲界，是距離人間衆生最近的淨土，高僧傳中常見有高僧大德藉由禪定力或神通力，上生兜率天向彌勒菩薩請法解疑的紀載。中國歷代高僧中，有不少人極力弘揚彌勒信仰，並發願求生兜率內院，隨彌勒菩薩聽聞佛法，親赴龍華三會。

Question
09

彌勒信仰如何在中國發展？

彌勒信仰隨著佛教同步傳入中國，所以在中國發展得很早，給予衆生未來希望和大慈關懷。

轉輪聖王得到皇室護持

由於佛教經典描述彌勒菩薩將轉生爲「轉輪聖王」，因此從傳入中土後，即受到皇室的護持，許多君主自詡爲佛教的「聖君」；加上彌勒淨土與君主要建立「理想國」有異曲同工之妙，兜率淨土不僅人們生活富足安康，而且人的壽命長達八萬四千歲。轉輪聖王出世，以正法治天下，政治安定，不須發動戰爭而四海自當順服，並有四大寶藏，七寶成就，所以皇室大力地推崇與信仰彌勒菩薩，例如梁武帝、北魏孝文帝、唐高祖、唐太宗、武則天等。

（李蓉生　攝）

因著彌勒信仰的流行，除了常見彌勒菩薩塑像，從北魏時期開始，也很流行彌勒造像碑，正面是彌勒像，背面則銘刻造像緣起、紀年、像主、發願等題記，都供奉在佛寺或石窟中，此風一直到宋代後才少見。

廣興民間普為流傳

不過，彌勒信仰廣興於民間，與漢地文化融合，應是從五代的布袋和尚開始。契此和尚是一位生於後梁的僧人，因常背負一只布袋，所以人稱布袋和尚。因契此和尚被視爲彌勒菩薩化身的說法廣爲流傳，於是笑口常開的布袋和尚成了彌勒佛，也是今日寺院常見的彌勒造像。

彌勒菩薩下生人間的預言，不僅被皇室政權所仰賴，人民對當時政治不滿而產生民怨時，也會有人假藉「彌勒下世，明王出世」之名，曲解經文，從北魏、隋唐開始，即發生假藉彌勒菩薩之義而引發的民變，到了宋代則有白蓮宗的成立，演變到後來的明、清有名的民間宗教祕密組織「白蓮教」，與佛教並無關係。清朝慈禧太后誤信白蓮教，引發八國聯軍，最廣為人知。

彌勒信仰在隋、唐前，一直與彌陀淨土並行，但從唐朝起即發生小規模的民變，後來皇室對打著「彌勒下世」名義的宗教團體或個人有所忌憚，轉而支持彌陀淨土信仰。因大環境不安，讓民眾更希望借助彌陀的他力信仰，加上許多佛教大師鼓勵念佛即可往生西方，因此彌勒淨土信仰流傳不若彌陀淨土信仰廣。

浙江寧波奉化的雪竇寺，因五代布袋和尚曾在此弘法，有「彌勒應跡聖地」之稱；北宋仁宗曾夢醒後畫下夢中所見，與雪竇山景色相符，南宋理宗敕封為「應夢名山」。從宋到清，一直受到皇廷敕封達四十二次之多，近代因太虛大師尊崇彌勒信仰，也曾駐錫雪竇寺，西元一九三四年由太虛大師發起提出將雪竇寺、雪竇山定為彌勒山，成為佛教的第五大名山。

Question

10

太虛大師爲何創建慈宗？

慈宗即是慈氏宗，又稱彌勒宗，是以《上生經》、《下生經》、《彌勒大成佛經》爲依據而立的宗派，弘揚彌勒法門，實際創始人爲太虛大師。

太虛大師不但致力弘揚人生佛教，對於推廣彌勒信仰更是不遺餘力。西元一九二二年武昌佛學院初創時，太虛大師便規定晚課誦《上生經》及念彌勒菩薩，迴向兜率。以後凡是太虛大師所開創的道場，皆奉行這一作法。

太虛大師於西元一九二四年二月五日，在武昌佛學院編定《慈宗三要》，以《瑜伽師地論．眞實義品》闡明大乘法空性的眞實義理，以《瑜伽菩薩戒本》做爲修行次第，以《上生經》的兜率淨土爲修行佛果。

西元一九三二年十二月二十五日，太虛大師在廈門南普陀寺閩南佛學院更發起成立「廈門慈宗學會」，設立慈宗壇尊奉彌勒菩薩。大師為「慈宗」制訂修行法門，並歸納《上生經》與《下生經》經文，明示大眾以發願、稱念名號、行六波羅蜜、守五戒、十善做為赴龍華三會的方法與捷徑。

Question 11

彌勒信仰如何在韓國發展？

自古以來，韓國的佛教徒有百分之七十信奉禪宗，百分之三十則信仰淨土宗，尤其有七成是信奉彌勒淨土，但無論是禪宗或淨土宗道場，都有彌勒殿的設置，也說明彌勒信仰對韓國佛教影響至深。

韓國最古老的彌勒寺院

佛教經由中國傳入韓國後，韓國多以佛教治國，彌勒菩薩被視爲未來的佛王，所以受到皇室十分尊崇。被視爲彌勒主寺的金山寺，位於全羅北道金堤市，創建於西元五九九年百濟法王元年。金山寺在西元七七六年由眞表律師重新改建，有了大伽藍的風貌，寺內最著名的建築有四百多年歷史，是韓國最古老也是唯一的一座木建三層佛堂彌勒殿，寺內供奉的是東方最大的室內立佛彌勒菩薩，目前已分建了六十多個分寺。

位於全羅北道益山市的彌勒寺，則建立於西元六〇二年百濟武王時。《三國遺事》記載新羅的善花公主和百濟的武王結婚後，曾至龍華山（今彌勒山）的獅子寺拜訪智明法師，在經過蓮花池時，池裡突然出現了彌勒三尊，此即彌勒寺的創建契機。新羅僧人月明法師曾作〈兜率歌〉：「風送飛錢資逝妹，笛搖明月住姮娥，莫言兜率連天遠，萬德花迎一曲歌。」民間稱此為〈散花歌〉。

護法與護國結合的花郎道

彌勒信仰與朝鮮文化融合最明顯的例子，就是花郎道。花郎道又稱郎家、風流徒、國仙徒、風月徒，是新羅時代一種訓練青少年的制度與精神。新羅的花郎道受到彌勒下生信仰的影響，把日常修養和訓練與彌勒信仰結合起來，培養忠於國家和勇敢尚武的精神。

Question 12

彌勒信仰如何在日本發展？

日本的彌勒信仰是經由朝鮮而傳入的，據說西元五五二年，百濟聖明王遣使送石彌勒像一尊，日本始建寺供奉禮拜；西元五八四年，又自百濟迎請一尊彌勒像，大臣蘇我馬子建寺供奉佛像。

微笑彌勒與哭泣彌勒

聖德太子對日本佛教影響很大，被視爲轉輪王轉世，曾命秦氏建造廣隆寺，供奉來自朝鮮百濟所致贈的彌勒像。現今廣隆寺靈寶堂所供奉的三尊彌勒像，日本國寶第一號「彌勒菩薩半跏思惟像」是微笑菩薩，左邊是彌勒菩薩坐像，右邊則是彌勒菩薩半跏思惟像。比國寶一號稍小，安置其右側的彌勒菩薩半跏思惟像，相傳是由百濟渡海傳來，但表情像在哭泣，所以外號「哭泣彌勒」，與「微

（許朝益　攝）

笑彌勒」成爲有趣的對比。

七福神的布袋尊

日本的彌勒信仰除受到朝鮮的影響，也受到中國布袋和尚的影響。由於契此和尚的形像通常爲臉帶笑容，手提布袋，因此常常被商家認爲帶有歡喜、蓄財的意味，而視同財神供奉，流傳到日本，布袋和尚成爲七福神之一的「布袋尊」，是歡樂的代表，保佑人們廣結善緣、知足快樂。

自古發願往生兜率內院的僧人眾多，日本因明學的開山祖師秋篠善珠，發願往生兜率天，所以日本研究因明學的學者，也都發願往生兜率淨土。西元一九六三年，日本日蓮宗派的新興宗教靈友會吸收了彌勒信仰，在日本伊豆建立聖彌勒山，將彌勒信仰引入教義，還編製了新經典《彌勒經》以成爲其宗經。

Question

13

彌勒信仰如何在西藏發展？

彌勒菩薩在藏語中稱為「強巴佛」，意為未來佛，在西藏的廟宇中，都會供奉強巴佛，或是三世佛一起供奉，即過去佛燃燈佛、現在佛釋迦牟尼佛、未來佛強巴佛。

在密教中，彌勒菩薩為胎藏界曼荼羅中台九尊之一，位居大日如來東北方；於金剛界曼荼羅則為賢劫十六尊之一。關於其形像有種種異說，如《八大菩薩曼荼羅經》及《大孔雀明王畫像壇場儀軌》記載，身呈金色，左手持軍持，右手掌向外上揚，作施無畏之勢；三昧耶形為瓶或塔，密號迅疾金剛。

西藏唯識學的鼻祖

在大乘佛教中期，一批以修習瑜伽行為主的大乘修行者，被稱為瑜伽行派，他們尊奉彌勒為祖師。西藏傳說，無著精進苦行十二年，才見到彌勒菩薩現身；之後每天上生兜率天，從彌勒菩薩學《瑜伽行地論》，即《瑜伽師地論》。在無著、世親之後，進一步發展成為瑜伽行唯識學派。

在西元四至五世紀間的中觀派中，由僧護的弟子解脫軍傳出的《現觀莊嚴論釋》，是對《般若經》的註解，其後的師子賢作《現觀莊嚴論釋》等書，被視為早期的中觀與瑜伽行兩派的調合論者。至清辨門下的寂護、蓮花戒論師時，以清辨中觀自續派理論，加上瑜伽行派的教義，成立了順瑜伽行中觀派，尊奉彌勒的《現觀莊嚴論》，此派後傳入西藏，產生很深的影響，從阿底峽尊者到宗喀巴大師，他們都發願往生兜率天。

世界最高的青銅彌勒佛像

在日喀則的扎什倫布寺供奉著一尊銅製坐姿的巨大彌勒菩薩像，佛高二十二點四公尺，蓮花座有三點八公尺。大耳有一個半成人高，佛手就有三點三公尺長。佛像眉宇間鑲嵌著大小鑽石、珍珠、琥珀、松耳一千四百多顆，共用黃金五十五斤，紫銅二十三萬斤，由一百一十名工匠，用四年時間鑄成，是目前世界上最高的青銅彌勒佛像。

（郭莉蓁　攝）

Question

14

彌勒信仰如何在中亞、東南亞發展？

彌勒信仰曾出現在中亞與東南亞，至今還有流傳的遺跡與傳說。

相信彌勒轉生的于闐王

于闐是西域古國，于闐自西元前二世紀末佛教傳入後，逐漸成為大乘佛教的中心。根據《于闐國史》記載，伏闍耶散跋婆王與伏闍耶毘梨耶王，都是彌勒菩薩轉世，彌勒能護持國土的思想，讓彌勒信仰得以發展，人們相信如果由彌勒轉生的于闐王治理國家，一定能得彌勒菩薩的護持。

回鶻也是西域古國，它的彌勒信仰源自漢地，但遠比漢族地區流行，特別在唐朝後，彌勒崇拜在漢地衰落，卻在回鶻盛行不衰，直到西元十五世紀佛教在回鶻中消亡。回鶻有許多彌勒崇拜的文獻，如〈贊彌勒詩〉、《彌勒會見記》等。回鶻在譯經時，往往會特意在文末加入彌勒崇拜的文字，翻譯《大慈恩寺三藏法師傳》時，有意強調、擴充玄奘大師的彌勒信仰。

尊崇彌勒菩薩為佛王

東南亞的柬埔寨、緬甸、泰國、印尼等地都有彌勒信仰傳布的歷史痕跡，都曾發現西元七、八世紀所造的單尊彌勒菩薩像。彌勒信仰在東南亞流傳，主要也是受「天王」、「佛王」思想的影響，而得到帝王的護持。在印尼中爪哇日惹的婆羅浮屠遺址，是山帝王朝於西元七六〇年開始建造的一座巨型佛教遺址，共用四百六十幅石雕雕塑《華嚴經．入法界品》善財童子訪師的故事，善財童子到寶樓閣參見彌勒菩薩的內容，占據遺址第三層走道兩側全部，顯示出尊崇彌勒菩薩爲佛王的依據。

（釋常濟　攝）

2

彌勒菩薩的兜率淨土

Question

15

兜率淨土爲何是成佛先修班？

彌勒信仰是中國早期最爲流行的淨土法門。彌勒淨土略分兩種，一種是《上生經》所說的位於天上的「兜率淨土」；另一種則是《下生經》所說的彌勒菩薩未來成佛時所成就的「人間淨土」。

一生補處的成佛先修班

佛陀在世時，彌勒菩薩就從人世而上生兜率天，在那裡說法度生，等待下生人間成佛。兜率天是一生補處菩薩必居之處，所謂的一生補處，是指經過一生便能補到佛位成佛，兜率淨土可說是成佛先修班，想在未來成佛者，要先求生到兜率淨土，例如佛陀也是如此。

為何一生補處菩薩要往生兜率天，而不改生他處天呢？這是因為相較來說，上界諸天安於禪定，難以起慈悲心度一切眾生；下界諸天則多放逸享樂；但是無論是上界或下界天眾，都會來到兜率天聞法，所以菩薩為教化眾生，為諸天說法，而生兜率天。

兜率內院和外院

兜率天的梵文為 Tușita，又稱兜率陀天、睹史多天，意譯為知足天、喜足天、喜樂天。兜率的意思為知足，天人不貪著五欲，能夠了解因緣、因果，衣食自然，能隨心所欲，故名「知足天」。欲界共有六天：四天王天、忉利天、夜摩天、兜率天、化樂天、他化自在天，兜率天位於欲界的第四天，分為內、外兩院，外院是欲樂凡夫所居，內院是彌勒的化區，是真正的清淨天國淨土。

《上生經》所形容的兜率淨土，是七寶莊嚴，光明無比，有五百萬億寶宮，有七寶所成的城牆與七寶行樹。除了莊嚴瑰麗，兜率天最大的特色是有別於其他淨土，不是在若干年遠的他方世界，而是與現代人所居住的娑婆世界一樣，都位於欲界，所以從空間來說非常近。如太虛大師所說「他方淨土泛攝十方眾生，而此專攝此土欲界眾生」，認為兜率淨土與娑婆世界的眾生有殊勝地緣，是最易前往得度的淨土。所以歷來許多佛教的祖師大德，都發願報考兜率內院的「成佛先修班」。

（梁忠楠　攝）

Question
16
兜率淨土有何特色？

太虛大師於〈佛說觀彌勒菩薩上生兜率陀天經講要〉論及兜率淨土有三大殊勝，特色重點如下：

1.十方淨土有願皆得往生。彌勒菩薩一生補處，以當來於此土作佛，教化此土衆生，特現兜率淨土與此界衆生結緣，故應發願往生兜率親近彌勒也。

2.兜率淨土同在娑婆，同在欲界，即與此處此界衆生有殊勝緣，最易得度。

3.彌勒淨土是由人上生，故其上生是由人修習福德成辦，即是使人類德業增長，社會進化，成為清淨安樂人世；因此可感彌勒早日下生成佛，亦即為創造人間淨土。

（張晴　攝）

Question 17

兜率淨土是什麼樣子？

彌勒菩薩居住的兜率天宮，是由兜率天的五百億位天子各自脫下頭上寶冠，將寶冠化爲五百億寶宮供養所成。《上生經》說明了兜率天宮的形成過程，唐代窺基大師並於《觀彌勒上生兜率天經贊》做詳細介紹。

寶宮充滿絕妙法音

寶冠化爲的五百萬億寶宮後，一寶宮有七重圍牆，皆由七寶所成。每種寶物都閃閃發光，每道光都有五百億蓮花，每朵蓮花又化爲五百億七寶行樹，每片樹葉有五百億寶色，每一寶色有五百億閻浮檀金光，每一道金光都出現五百億諸天寶女。寶女手持百億種珍寶瓔珞立於樹下，瓔珞發出妙樂，演說不退轉地法輪之行。此外，有五百億龍王圍繞此牆，降下五百億七寶行樹，莊嚴圍牆。當風吹動樹時，樹枝互相碰觸，發出苦、空、無常、無我等各種法音。

額生寶珠化為兜率內院

繼寶宮化現後，守護宮殿的牢度跋提大神也發願用他的福德之力，讓頭額生出五百億寶珠化爲四十九重華麗寶宮，爲彌勒菩薩造說法用的善法堂，此即慈氏內院、兜率內院。

環繞寶宮的欄杆由億萬顆寶珠鑲成，化生出九億天子和五百億天女。天女執衆樂器競起歌舞，演說妙法。圍牆間的八色琉璃渠，流有八味水。天宮內有彌勒菩薩的七寶大師子座，座四角頭生四蓮花，蓮花由百寶所成，放光化爲五百億衆寶雜花莊嚴寶帳，有五百億寶女侍立帳內。兜率天宮有五大神負責護衛：寶幢、華德、香音、喜樂、正音聲。

兜率天宮如此富麗堂皇，如非有天樂演說妙法，提醒著苦、空、無常，確實容易流連迷失於享樂之中。兜率淨土之所以為淨土，主因並非天宮莊嚴，而在於心的清淨無染，天眾和往生兜率淨土者，皆用心隨彌勒菩薩修行，以清淨的身心莊嚴著淨土。

Question

18

彌勒成佛時的世界是什麼樣子？

彌勒菩薩成佛時的世界，和我們現在的人間有何不同呢？依據《下生經》，彌勒菩薩下生的世界，可歸納四大特點：

1. 環境舒適宜人：四季氣候溫暖和順，土地寬廣平整如平鏡，花樹茂盛，香氣四溢。樹上生衣，地上長米，不必苦惱衣食。

2. 人民長壽快樂：人民壽命長達八萬四千歲，沒有煩惱，幸福快樂。遍地珍寶如同瓦石，所以無人爭奪。人們慈心待人，和樂相處。

3. 城市繁榮整潔芳香：有一大城名雞頭城，人口眾多熱鬧。護衛此城的水光龍王，每夜灑香雨，加上葉華羅剎鬼清除穢惡不淨，所以全城環境整潔，空氣芳香宜人。

4. 政治清明沒有戰爭：蠰佉為轉輪聖王，以佛法統治天下，不必武力征戰。

（梁忠楠　攝）

王有七寶和四大藏，珍寶不計其數。

《彌勒大成佛經》對於彌勒菩薩成佛時的世界，也有非常詳細的介紹，所形容的人間更加華麗。有一七寶莊嚴的大城名翅頭末，不但自然化生七寶樓閣，窗間並有無數手持眞珠羅網的寶女。環境優美如天園，充滿天樂和七寶行樹、渠泉。人們長壽幸福，只有三種病患：大小便、飲食、衰老。人常慈心，恭敬和順，語言謙遜，皆由彌勒慈心訓導，持不殺戒、不食肉的關係。

印順長老於《佛法是救世之光》中，提及彌勒菩薩下生成佛有兩種好處：

1. 世界和平，人口衆多，財富無量，沒有苦痛與困難，眞是快樂極了。所以佛弟子希望彌勒早早下生到這個世界來，大家好同享和平自由的幸福。

2. 佛法昌隆，所謂龍華三會，有衆多衆生發出離心了生死，衆多衆生發菩提心志願成佛。

彌勒菩薩降生的世界，生活既安樂幸福，人們也知依佛法了生死，發菩提心，是眞正快樂幸福的世界。因此，我們應期盼彌勒菩薩早日下生人間，讓娑婆世界早日成爲淨土。

Question

19

彌勒佛爲何不願速疾成佛？

有的人可能會認爲彌勒菩薩尚未成佛，所以兜率淨土不及彌陀淨土、藥師淨土等諸佛國土功德莊嚴，這是一種誤解。據《十住斷結經》所說，彌勒菩薩其實在久遠劫前早已成佛，他本是東方寂寞世界的佛。既然已經成佛，爲何彌勒菩薩還要重入娑婆世界化身菩薩呢？這是因爲彌勒不忍眾生苦，爲方便度化眾生而變化身形，成爲慈氏菩薩。

不願速疾成佛

在《彌勒菩薩所問本願經》中，阿難尊者曾經問佛，爲什麼彌勒直到現在還不能成佛呢？佛陀回答阿難說：「菩薩會爲了清淨國土、守護國土、清淨一切眾生、守護一切眾生，四種原因而不速取正覺，彌勒雖然先我四十二劫發道心，我卻比他早九劫成佛，這是因爲我以身體血肉、妻子財寶，布施與人，從不吝惜，因而速得佛道；而彌勒是以懺悔、隨喜、迴向，這些善權方便安樂之行，成就佛道。」

久在生死度眾生

而在《悲華經》也提到，較佛陀更早發願的彌勒，爲何尚未成佛的原因。無量諸佛皆曾爲彌勒授記，所以他早就可以成佛，但是因他久在生死救度眾生的本願，所以等待時機成佛。當彌勒於經中解釋完自己爲何仍不成佛的原因後，佛陀當場也授記彌勒爲佛。

因此，彌勒菩薩不只是未來佛，他其實早已成佛，爲度化眾生，可以化現爲佛、爲菩薩、爲人，以千百億化身爲廣度眾生。

（廖順得　攝）

Question

20

彌勒佛如何發願成佛？

在久遠的炎光具響作王如來時，有位婆羅門修行者的兒子，名爲賢行。他某天在見到炎光具響作王如來身色光明、莊嚴無比，便仆倒在地，心中發願：「若我未來之世，亦能成就法身，一如佛世尊，如來當從我身踏過。」如來得知賢行的心願，便以神足從他背上走過，賢行因而證道，得五種神通。

發願度眾成佛

《彌勒菩薩所問本願經》除提及彌勒菩薩過去生發菩提心的因緣，也介紹彌勒菩薩度衆成佛的誓願。彌勒菩薩過去生求道時，曾發願當他成佛時：「令我國中人民，無有諸垢瑕穢，於婬怒癡不大，慇懃奉行十善，我爾乃取無上正覺。」在他的佛國世界裡，人們沒有諸垢瑕穢，心沒有強烈的淫、怒、癡煩惱，能奉行十善：不殺生、不偷盜、不邪淫、不妄語、不綺語、不兩舌、不惡口、不貪、不瞋、不癡。若不如此，將不成佛。此即彌勒菩薩的本願。

除了《彌勒菩薩所問本願經》，清代的工布查布曾於北京廣仁彌勒院，依藏文佛典漢譯出《佛說彌勒菩薩發願王偈》。本偈為佛陀對弟子阿難尊者所說，彌勒菩薩往昔行菩薩道時，每日所發的發願文。彌勒菩薩不但於此偈發願成佛度眾生，並於偈末說：「從此命終承願力，即得上生兜率天。忻慶奉事慈氏尊，速得承授菩提記。」因此，持誦本偈用功修行，將能依願往生兜率淨土。

從慈心開展的大願

彌勒菩薩又稱慈氏菩薩，發願成佛的願心，皆從慈心開展而成。如下許多經典彌勒菩薩於過去生所發的願心，願願感人：

1. 《一切智光明仙人慈心因緣不食肉經》記載曾立誓永不食眾生肉：「願我

（施建昌　攝）

世世不起殺想，恆不噉肉，入白光明慈三昧，乃至成佛制斷肉戒。」

2.《大寶積經》記載曾發願：「若有眾生薄婬怒癡成就十善，我於爾時乃成阿耨多羅三藐三菩提。」

3.《慈氏菩薩誓願陀羅尼經》記載曾發願持誦此陀羅尼者：「若有眾生於未來世末法之時，能讀誦受持者，設以宿業墮阿鼻獄者，我成佛時，當以佛力救拔出之，復與授於阿耨多羅三藐三菩提記。」

而在《上生經》中，更廣說彌勒菩薩的接引願，不只聽聞彌勒菩薩名號，禮拜修持，命終可於彈指之間往生兜率淨土，即使是犯戒造惡者，只要聽聞彌勒菩薩名號，誠心禮拜懺悔，也得蒙接引往生。

Question

21

彌勒三尊是誰？

彌勒三尊又稱兜率三聖，指彌勒佛和大妙相與法華林（或稱法音輪）兩位脇侍菩薩。

如同許多佛教三聖組合的傳統，當彌勒做為未來佛出現時，身旁也有兩位脇侍菩薩。雖然原始經典裡，沒有兩位菩薩的相關記載，但此一佛二菩薩的慣例組合，呼應大乘佛教重視傳承與行菩薩道的精神，使得彌勒三尊也成為歷代造像主題之一。彌勒佛為主尊，法華林菩薩常為左脇侍菩薩，大妙相菩薩常為右脇侍菩薩，三尊皆頭戴寶冠，手持法器，以接引眾生依願往生兜率淨土，隨彌勒菩薩修行，等待下生人間。

Question

22

什麼是彌勒決疑？

彌勒菩薩是未來佛，現居兜率天宮，歷來許多佛教行者如對佛法有疑難而無法決了，會上生兜率向彌勒請法解惑，此稱彌勒決疑，或稱兜率決疑、慈氏決疑。

西元四、五世紀的北印度，罽賓一帶盛行彌勒信仰，上生兜率面見彌勒菩薩問法決疑，在罽賓是極為普遍的情況。例如三國吳支謙居士所譯的《惟日雜難經》，就提到有位羅漢曾上生兜率問彌勒的事。

玄奘大師所著的《大唐西域記》裡，也有很多印度論師兜率決疑的故事。如德光論師欲見彌勒決疑，請天軍羅漢以神通力接他上天宮，卻因我慢不肯頂禮，認為彌勒享天福，非出家之侶，所以三次往返，疑不得決。或如清辨論師曾思考：「非慈氏成佛，誰決我疑？」決心入岩戶住於阿素洛宮，等待彌勒成佛。

而在中國的《高僧傳》裡，也記載多位高僧上生兜率向彌勒請法，如佛馱跋陀羅到兜率致敬彌勒；或是達摩比丘曾入定往兜率天，從彌勒受菩薩戒。

在東晉、西晉時期，彌勒信仰能普傳流通，除了可往生兜率淨土，彌勒決疑也是一大原因，因爲很多修行者都希望彌勒菩薩能解答自己的修行難題。

Question

23

什麼是龍華三會？

除了天上的兜率天，彌勒菩薩另一個淨土是未來的人間淨土。《下生經》指出，大約在五十六億多年後，彌勒菩薩會下生人間。並在龍華樹下說法三次，這就是著名的「龍華三會」。

無量無邊眾生得解脫

有如佛陀的三轉法輪，初會之時，有九十六億人得度；二會時有九十四億人得度；三會時有九十二億人得度，三會共有二百八十二億眾生得度，象徵著有無量無邊眾生都得到解脫。

經典說到當時的人間，有著遼闊平坦的豐饒土地，有自然出稻、樹生衣服的富足經濟，以及人壽八萬歲、無有疾苦的進步醫療。而且轉輪聖王出世，以十善正法化治世間，使得人心得以淨化。

但是如果嚴格來說，五十六億年後的淨土並非眞正的淨土，它還是在人間，仍有大小便利、日常飲食、壽終衰老等「三病」的不完美情況，卻也因爲未臻完善，更具有現實意義，容易讓衆生透過發願與改造以達完善。相較起彌陀淨土的圓滿殊勝，彌勒下生的淨土更著重於人間性，而它的不完美，也意謂著未來的人間，還有努力的空間。

龍華三會創造人間淨土

美好的人間淨土，並非一夕之間將天國直接搬到了地球的人間，需要歷經五十六億年才逐漸清淨，所以要靠大家一起從現在開始努力建設淨土。而當人間的苦難逐漸解除了，世間也才能轉爲清淨，而加速彌勒菩薩的下生成佛。

（吳瑞恩　攝）

Question

24

道安大師爲何發願往生兜率淨土？

東晉的道安大師是研究《般若經》的先驅，對中國佛教的貢獻很大，鳩摩羅什法師來到中國之前，早已在西域聽過他的名字，推崇道安是「東方聖人」，自稱「彌天釋道安」，出家人改姓「釋」，也是由他開始。

中國有組織地信仰彌勒淨土，可說是由道安的門下開始。根據南朝梁代慧皎《高僧傳》，道安在編輯漢譯佛經時，每遇到說明不清、難以解釋的部分，便想請彌勒菩薩爲他解決疑惑，時常帶領弟子在彌勒像前立誓，願生兜率內院，參與將來的龍華三會，與彌勒佛一起廣度眾生。

前秦宣昭帝建元二十一年（西元三八五年）正月二十七日，有長眉僧賓頭盧來到寺院寄宿，行跡顯露異象，道安向僧人問訊後，長眉僧告知臨終前沐浴之事，道安便詢問來生的處所，只見僧人用手向天空西北方撥了一下，雲霧頓時散開，兜率天的妙勝景象，立即顯現在當場十多人面前，十一日後，道安向大衆說：「吾當去矣！」就在當天齋後無疾捨報，可知道安已如願以償。

Question

25

玄奘大師為何信仰彌勒佛？

唐太宗貞觀元年（西元六二七年）時，為了解決佛法諸宗異說不一的疑問，玄奘大師孤身一人西行印度，只為求得《瑜伽師地論》，該論據傳是彌勒菩薩親述，無著筆記。玄奘是一位彌勒信仰者，願生兜率及遊西方，在聽說無著與世親都應願往生兜率奉侍彌勒菩薩後，因此更加精進求生兜率淨土。

《大慈恩寺三藏法師傳》記載，玄奘西出玉門關時，苦於無人引路，所以到附近寺院彌勒像前，祈求願得一人相引度關，果得一名胡僧相助。他在天竺境內遭遇河賊面臨死亡時，鎮靜下來專心觀想彌勒菩薩，一瞬間風雨大作、船隻翻覆，河賊認為是加害沙門的懲罰，轉而向玄奘懺悔謝罪，並皈依三寶。

玄奘西行留下《大唐西域記》，記載許多彌勒信仰的史實和傳說，說明了他對於彌勒資料的廣泛蒐集，例如寫到提婆請嗢呾羅羅漢解決疑惑，羅漢難以回答究竟，於是不動聲色地用神通力，至兜率天請教彌勒菩薩，彌勒菩薩解答後又告訴他：「這位提婆，累劫修行，之後當紹佛位，不是你所能知道的，宜深深禮敬。」

玄奘不但早年就發願親近彌勒菩薩，並受那爛陀寺住持戒賢法師影響更堅定信心；當玄奘到達那爛陀寺後，戒賢告訴他三年前彌勒菩薩示現的因緣。當時戒賢罹患中風想絕食自盡，夜間夢見文殊、觀音和彌勒菩薩，戒賢因此向彌勒菩薩禮敬，並說：「戒賢時常發願生於兜率天宮，不知能否如願？」彌勒菩薩回答：「你積極傳播正法，以後必定往生。」文殊菩薩還預言三年後將有中國僧人來此求學，需要靠戒賢傳承《瑜伽師地論》。

（李澄鋒　攝）

玄奘在即將圓寂前，不斷持誦彌勒名號，並囑咐弟子齊聲稱念彌勒如來，祈求往生兜率淨土。弟子問：「和尚確定生彌勒前否？」玄奘說：「得生！」說完便氣絕。受玄奘影響發願往生兜率淨土的弟子不計其數，得意弟子窺基法師也是其中之一。窺基作《觀彌勒上生兜率天經贊》時，是感夢而造，並於寫作期間，從彌勒信仰中感得許多舍利，可見對彌勒菩薩的崇仰很深。

Question 26

虛雲老和尚爲何會入定至兜率內院？

虛雲老和尚雖未發願往生彌勒淨土，卻與彌勒菩薩結下法緣。根據《虛雲和尚年譜》，西元一九五一年春天，老和尚駐錫雲門寺，政府懷疑寺院私藏軍械及黃金，派遣大批人員入寺搜索，軟禁一百多名僧人，由於找不到黃金及槍械，便遷怒於老和尚。

老和尚被斷絕飲食，官員逼迫他交出黃金等物品，因回答沒有，十幾個人改用刑求毒打，連續四天以木棒及鐵棍，把他打得頭破血流、肋骨斷裂，以爲必死無疑了，才憤然離開。老和尚被打到氣息全無、脈搏停止，但是體溫正常，經過八天才出現了呼吸，侍者立刻扶他坐起來，告知已入定八天，老和尚回答才覺得經過數分鐘而已。

在這幾分鐘裡，老和尚到了兜率天。他見到莊嚴瑰麗的內院景象，彌勒菩薩在座上說法，當時彌勒菩薩正在講「唯心識定」，見到老和尚的出現，便請他返回人間，他回答：「弟子業障深重，不願回去了。」彌勒菩薩告訴他，因業緣未了，必須回去，以後再來，並且述說一偈：「識智何分，波水一個，莫昧瓶盆，金無厚薄，性量三三，蔴繩蝸角，疑成弓影，病惟去惑，凡身夢宅，幻無所著，知幻即離，離幻即覺……。」勸他回世間繼續度化衆生。

彌勒菩薩的偈語具有唯識深意，告訴老和尚去除迷障煩惱的具體方法，並且要他在世間發大願、忍大辱，廣度衆生，面對種種磨難不要退卻，不久將來，一定能夠「蓮開泥水，端坐佛陀」。

經歷一場「雲門事變」後，施暴行的人員見到老和尚仍安然住世，內心開始敬畏，問門下弟子：「爲什麼老和尚打不死的？」弟子回答：「老和尚爲衆生受

（吳瑞恩　攝）

苦，爲你們消災，打不死的，久後自知。」老和尚在一百二十歲時安詳入滅，一生精進不懈，以建寺度生爲己任，修建數十座寺院，爲弟子禪修開示不計其數，深爲四衆敬仰。

Question

27

能不去彌勒菩薩兜率淨土，直接往生彌勒佛人間淨土嗎？

由於彌勒菩薩仍在兜率淨土說法，尚未下生人間成佛，所以不能發願直接往生彌勒佛的人間淨土。佛教祖師大德歷來都是發願先往生兜率內院，再隨彌勒菩薩下生人間教化眾生。

《上生經》裡，提供明確的往生兜率淨土方法：

1. 持戒：居士應持五戒、八關戒齋，出家眾受具足戒。
2. 身心精進，不急求斷煩惱：彌勒法門重視慈悲利他的菩薩精神，更勝於追求個人解脫，所以雖然精進修行，卻不急於完全斷除煩惱，希望能有更多實踐利他菩薩行機會。
3. 修十善法，思惟兜率淨土的妙樂：修十善法清淨自己的身、口、意業，觀想兜率淨土的法喜妙樂。

4.**修六事法：**精勤修福、堅守戒行、護持道場、歡喜供養、禪定淨心、讀誦經典。

5.**恭敬禮拜彌勒：**敬禮彌勒者，能除百億劫生死罪。

6.**稱念佛名，發願往生：**稱念彌勒佛號，虔心發願往生兜率淨土。

而在《彌勒大成佛經》裡，也說明往生彌勒佛人間淨土隨佛修行，需要修行的十一種功德：

1.以讀誦分別決定修多羅、毘尼、阿毘曇，爲他演說、讚歎義味，不生嫉妒教於他人，令得受持。

2.以衣食施人、持戒、智慧。

3.以妓樂、幡蓋、華香燈明供養於佛。

4.以施僧常食、起立僧房、四事供養，持八戒齋修習慈心。

（梁忠楠　攝）

5.爲苦惱衆生深生慈悲，以身代受，令其得樂。
6.以持戒、忍辱，修淨慈心。
7.造僧祇四方無礙、齋講設會、供養飯食。
8.以持戒、多聞、修行禪定無漏智慧。
9.起塔供養舍利，念佛法身。
10.厄困、貧窮、孤獨，繫屬於他，王法所加，臨當刑戮，作八難業，受大苦惱，拔濟彼等令得解脫。
11.恩愛別離，朋黨諍訟，極大苦惱，以方便力令得和合。

此十一種功德大都出於慈心，而修行者能以慈心自利利他行菩薩道，即是實踐彌勒法門。無論生在彌勒菩薩的兜率淨土或彌勒佛的人間淨土，慈心都是修行核心。

Question

28

兜率淨土與人間淨土有何關係？

「下生成佛」是彌勒信仰的特殊之處，從東晉的道安大師開始，經唐初的玄奘大師、窺基法師，近代的太虛大師，到慈航法師、成一法師都是發願往生兜率內院。

往生兜率非為享天福

大師們往生兜率內院的目的，不是爲了在天上享樂，根據《下生經》的描述，彌勒會在未來下生於娑婆世界成佛，所以大師們發願往生兜率天，是爲了親近彌勒菩薩，並隨菩薩下生人間教化眾生，其願心是在於不忍世間眾生苦的菩提心，他們預備乘願再來，彰顯出佛教入世救世的精神。

（吳瑞恩　攝）

印順長老於《淨土與禪》一書說：「一般學佛人，都知道彌勒菩薩住兜率天，有兜率淨土；而不知彌勒的淨土，實在人間。彌勒，在未成佛前，居兜率天內院，這是天國的淨化。《佛說觀彌勒菩薩上生兜率陀天經》，就是說明這個的。求生兜率淨土，目的在親近彌勒，將來好隨同彌勒一同來淨化的人間，以達到善根的成熟與解脫；不是因爲兜率天如何快活。彌勒的淨土思想，起初是著重於實現人間淨土，而不是天上的。」

早日實現人間淨土

印順長老認爲：「彌勒淨土的第一義，爲祈求彌勒早生人間，即要求人間淨土的早日實現。至於發願上生兜率，也還是爲了與彌勒同來人間，重心仍在人間的淨土。」由此可知，求生兜率淨土是爲隨彌勒乘願再來人間度化衆生，兜率淨土和人間淨土看似兩個不同淨土，實則是同一條佛道。

Question 29

現代佛教如何以彌勒的菩薩精神建設人間淨土？

彌勒菩薩是南、北傳各佛教傳統共同認識的一位菩薩，他所開展的彌勒淨土法門是中國最早期的淨土思想，曾經盛行一時。但是隋、唐之後因與政治結合，造成彌勒信仰隨著政權變遷而有所消長，漸漸在漢傳佛教內式微，彌勒信仰反倒成爲民變和民間信仰共通神祇，演變爲另種信仰文化。

太虛大師重振彌勒信仰

幸而到了近代，彌勒淨土法門重現生機，以正信佛教觀念大力推廣，主要的關鍵人物爲太虛大師，他在中國佛教界帶動起一股「彌勒淨土信仰」復興運動。

太虛大師以彌勒淨土與娑婆世界同在欲界，以及彌勒菩薩未來下生在娑婆世界成佛，認爲彌勒淨土與此界衆生最爲有緣。他不但廣推彌勒信仰，更主張以《上生經》所記載的兜率內院等爲參考，在人間找到一座周圍數十里的山區，由國家做爲佛教無稅地，進行農田耕種，爲數萬至二萬人提供衣食。大師用意是將兜率天國及未來的彌勒淨土，一起落實在人間，建設一個淨土的模範社區。

印順長老力推彌勒菩薩行

之後，印順長老更以彌勒菩薩「具凡夫身，未斷諸漏」的榜樣，點出彌勒菩薩「凡夫成佛」的典範，非常適合大衆學習，他鼓勵大衆發心做一個有煩惱的「凡夫菩薩」。儘管凡夫具煩惱身，但仍要生生世世爲大衆利益著想。印順長老的著眼點不只在於人間建立淨土，更期許大衆發菩提心，由學彌勒菩薩的菩薩行而成爲菩薩。

這股復興運動使得「人間菩薩」、「人間淨土」成爲當代佛教主流，不論是佛光山提倡的人間佛教，或是慈濟功德會的慈善志業，以及法鼓山以「心靈環保」推動「提昇人的品質，建設人間淨土」的努力，都離不開彌勒菩薩慈心度化人間的精神，堪稱是爲流傳兩千年的彌勒淨土信仰，淬煉出新的時代意義。

（吳瑞恩　攝）

3

學習彌勒佛有方法

Question

30

彌勒法門有何特色？

印順長老於《成佛之道》頌文說道：「正念彌勒尊，求生彼淨土，法門最希有，近易普及故。見佛時聞法，何憂於退墮？」由此可知彌勒法門三大特色：

一、距離很近

彌勒菩薩現生兜率天，與我們所在的人間，同樣都位在三界的欲界裡，是距離我們最近的淨土，所以往生很方便。

二、容易修持

彌勒法門方法至簡，只要皈依三寶、清淨持戒、如法布施，並發願往生，稱念「南無當來下生彌勒佛」發願往生，即能往生兜率淨土。

（李澄鋒　攝）

三、普及眾生

往生兜率淨土不一定要發菩提心、出離心，只要能發增上生心的人天善根，希望來生比今世更好，便可隨願往生。

修學彌勒法門的方法至簡至便，是人人都能受用的妙法。

Question

31

彌勒法門為何是易行道？

彌勒法門強調以眾生的自力修行，達成往生佛國的「易行道」。彌勒法門的安樂行，不像往生西方淨土，必須「一心不亂」，也不講求禪定、斷煩惱，相對而言，修持難度較低。

往生淨土的條件簡單

《上生經》列舉許多往生兜率淨土、親近彌勒的方法和條件：「若有比丘及一切大眾，不厭生死樂生天者、愛敬無上菩提心者、欲為彌勒作弟子者，……應持五戒、八齋、具足戒，身心精進不求斷結，修十善法，一一思惟兜率陀天上上妙快樂，作是觀者，名為正觀。」指出只要守五戒、八齋、具足戒，修行十善法就能往生兜率淨土。

（李澄鋒　攝）

人人都能上手的易行道

彌勒法門的行者，只要守基本德行，做善事，念佛號，修淺的禪定，就能上生兜率天見彌勒菩薩，比起其他淨土法門，算是相當寬鬆易行。因爲方法容易，所以具有普及性，很適合大眾修持。也唯有普羅大眾都能輕易學習佛法，同行同願創造美好環境，如此一來，不待上生到兜率天上，自然在人間創造淨土。

Question

32

彌勒菩薩不修禪定、不斷煩惱嗎？

《上生經》對彌勒菩薩的描述，說到阿逸多（即彌勒菩薩）「具凡夫身，未斷諸漏」。阿逸多雖然是出家僧人，但卻「不修禪定，不斷煩惱」。這位菩薩在世間所表現的風格，是一個有缺陷的凡夫，但也因此而平易近人，具有人間性。他「不修禪定，不斷煩惱」的特色，和佛陀強調苦行的修行風格完全不同，看似一位沒有修行的出家人，其實卻非如此。

不修深禪定，不斷微細煩惱

印順長老認爲，這是初期大乘佛教的修行原則，彌勒菩薩不是眞的不修禪定，也不是眞的不斷煩惱，而是不修深禪定，不斷微細煩惱。他在〈南無當來下生彌勒佛〉一文指出，彌勒菩薩不修深定，是因爲修深定容易耽著禪樂，而落入小乘。從這點看來彌勒菩薩，不只也修禪定，強烈的根本煩惱「貪、瞋、癡」還是會斷除，所不斷的是微細的煩惱。

留惑潤生的菩薩本懷

這是菩薩避免自己證入涅槃，如此一來就很難出來度化眾生。換句話說，菩薩不是沒有能力證入，而是不願意證入，因為他要「留惑潤生」，要保有一點點的煩惱，才能生生世世輪迴在人間度化眾生。他明知道世間是苦，充滿煩惱，卻還要和眾生在一起，如此救度眾生的願心，與視生死若怨家、急於求證涅槃的聲聞和獨覺修行者，有很大的差別。然而，像彌勒菩薩這樣「不修禪定，不斷煩惱」，如何能成佛呢？對此，印順長老認為：「行菩薩道的人，多重於利他，是於利他中去完成自利的。」彌勒菩薩「不修禪定，不斷煩惱」的特色，從現代的眼光來看，其實就是奉獻自己以創造無量眾生的幸福。

Question

33

慈宗的修習儀軌爲何？

太虛大師爲使彌勒淨土法門普爲弘傳，曾整理歸納出慈宗修習儀軌，分爲要儀、略儀、本儀、勝儀、大儀五門，於此摘錄「要儀」儀軌提供修行參考，其餘請參見《太虛大師全書》。要儀是專爲無暇做早晚課的忙碌現代人所設的功課，太虛大師指出：「每日一次，十分鐘或數十分鐘可畢；日日行之不輟，命終決定得生內院。」

一、禮佛三拜

南無本師釋迦牟尼佛，一拜。（一切皆依釋尊遺教爲根本故）

南無十方常住佛法僧，一拜。（依釋尊教皈命一切佛法僧故）

南無本尊彌勒如來，一拜。（普攝一切歸慈氏尊爲宗主故）

（張晴　攝）

二、合掌跪或立誦偈

彌勒菩薩法王子，從初發心不食肉，
以是因緣名慈氏。爲欲成熟諸衆生，
處於第四兜率天，四十九重如意殿，
晝夜恆說不退行，無數方便度人天。
南無兜率內院一生補處當來下生彌勒如來。

三、坐念或經行念

南無彌勒如來。（四十九聲、一百零八聲、或千聲）

四、發願迴向一拜

南無彌勒如來，當來下生，願與含識速奉慈顏。一拜。
南無彌勒如來，大悲加持，願資現身修增福智。一拜。
南無彌勒如來，所居內衆，願捨命時得生其中。一拜。

Question

34

如何修持彌勒佛持名？

不論是念誦或聽聞彌勒名號，都能消除罪障，得遇彌勒菩薩。稱念彌勒佛號的方法爲，口誦「南無當來下生彌勒佛」。

聞名生歡喜心

根據《上生經》所說：「若有得聞彌勒菩薩摩訶薩名者，聞已歡喜恭敬禮拜，此人命終如彈指頃即得往生。」也就是只要皈依三寶，聞彌勒菩薩名而生歡喜心，發願求生，臨命終時就能往生兜率淨土。

信心堅固

經中也提示：「應當繫念念佛形像稱彌勒名。」稱念彌勒佛號，是繫念佛菩

（張晴　攝）

薩的功德與相好莊嚴，使我們信心堅固，得不退轉；同時還要和彌勒一樣發心，慈念一切衆生，例如素食、不殺生，隨時隨地盡一己之力幫助他人，使他人得安樂，都是增長慈心的方法。當我們這樣在日常生活中實踐，就可以與彌勒的慈心相應，讓世間漸漸趣向清淨。待輪王出世，以德化人，世界繁榮和平，將能感得彌勒菩薩早日下生。

Question 35

如何修持彌勒佛咒語？

關於彌勒佛的咒語非常多種，如《大正藏》的《佛說慈氏菩薩誓願陀羅尼經》、《佛說慈氏菩薩陀羅尼》、《佛說陀羅尼集經》、《八名普密陀羅尼經》等經典都收錄彌勒咒語，初學佛者可依太虛大師的《慈宗修習儀》建議，由〈彌勒菩薩法身印咒〉學起。

《兜率龜鏡集》收錄了兩則彌勒咒語：

〈願見彌勒佛咒〉

南無彌勒隸耶夜。菩提薩埵夜。哆姪他。彌帝隸。彌帝隸。彌哆囉。摩郮栖。彌哆囉三皤鞞。彌哆嚕皤鞞。莎婆訶。

〈彌勒菩薩法身印咒〉

唵（一）昧夷帝㘑（二合二）昧夷帝㘑（二合三）昧怛囉（二合）摩那西（四那字上聲）

昧怛囉（二合）三皤鞞（五）昧怛嚕（二合）婆鞞（六婆字上聲）莎訶（七）

《兜率龜鏡集》說〈彌勒菩薩法身印咒〉同〈願見彌勒佛咒〉，前後兩譯，字雖不同，而梵音無異，但聲有長短詳略耳。因此，〈願見彌勒佛咒〉也可稱為〈彌勒菩薩法身印咒〉，一般人則常稱為〈彌勒往生咒〉。

Question

36

什麼是彌勒三經？

以彌勒菩薩爲主角，講述彌勒菩薩上生兜率淨土，以及將來下生成佛說法的經典，漢譯始於西晉，先後有許多種譯本，可以歸納爲「上生」、「下生」、「本願」三個系統。

彌勒經典影響最大的《彌勒上生經》、《彌勒下生經》、《彌勒大成佛經》，被合稱爲「彌勒三經」。

一、《彌勒上生經》

「上生經」只有單譯，爲南朝劉宋時，沮渠京聲居士所譯的《觀彌勒菩薩上生兜率天經》，又稱《彌勒菩薩般涅槃經》、《觀彌勒上生經》、《觀彌勒經》、

《上生經》，全一卷。

經中詳述兜率淨土的依報莊嚴，揭示彌勒菩薩現在兜率天攝化天衆、弘法利生，並提及往生該淨土的行法。本經爲彌勒經典中最晚成立的作品，也是彌勒淨土信仰所依據的主要經典之一。

二、《彌勒下生經》

「下生經」以西晉竺法護法師所譯的《彌勒菩薩下生經》最受重視，又名《彌勒下生經》或《彌勒當來下生經》，全一卷。

內容敘述於未來蠰佉轉輪聖王時，彌勒自兜率天下生，以修梵摩爲父、梵摩越爲母。成道後教化善財、父母等八萬四千大衆，並與今世的釋迦佛同對衆生勸說三乘教法。又大迦葉於過去諸佛時，善修梵行、十二頭陀行，而得以輔佐彌勒勸化衆人。本經的一大特色是對告衆爲阿難尊者，其他經的對告衆則多爲舍利弗尊者。本經的異譯本有姚秦鳩摩羅什法師、唐代義淨法師各別譯出的《彌勒下生成佛經》一卷。

三、《彌勒大成佛經》

鳩摩羅什法師所譯的《彌勒大成佛經》，內容最爲詳盡、豐富，所以冠以「大」字。內容記述佛陀因舍利弗之問，在摩伽陀國波沙山說彌勒出世的時代及國土。

至於「本願經」，則有西晉竺法護法師譯的《彌勒菩薩所問本願經》，又名《彌勒菩薩本願經》或《彌勒菩薩所問經》，敘述彌勒菩薩因地修行等事。另有唐代菩提流志法師所譯的《彌勒菩薩所問會》，是《大寶積經》第四十二會。

（李東陽　攝）

此外，由於彌勒菩薩是佛教中的大菩薩，很多佛經都記載關於彌勒菩薩的事蹟。例如《中阿含經》卷十三和《增一阿含經》卷四十四，均可見彌勒菩薩下生時，世界繁榮富饒景象的描述。《大寶積經》第四十一會、第四十二會分別爲「彌勒菩薩問八法會」、「彌勒菩薩所問會」；《華嚴經》中，彌勒菩薩是善財童子參禮的五十三善知識之一；《法華經》除提及彌勒菩薩過去世的故事，〈普賢菩薩勸發品〉並記載普賢菩薩勸眾修行，導歸兜率，面見彌勒。另外，《楞嚴經》卷五則介紹彌勒菩薩識大圓通法門。這些經典是在彌勒三經外，有志修學彌勒法門者，可以延伸閱讀的重要佛經。

Question

37

如何持誦彌勒經典？

《上生經》是彌勒信仰的重要經典，太虛大師認爲本經闡明彌勒菩薩修證的上生果，而將其選集爲「慈宗三要」之一。在《慈宗修習儀》的「略儀」中，太虛大師教人持誦本經，隨文立觀；並輔以持名或持咒做爲修行方法。

誦經方法如下：

一、三拜同「要儀」。

二、坐或跪誦《上生經》一遍。

三、同「要儀」唱偈，持彌勒如來名五百聲至千聲、數千聲。

四、迴向三拜，同「要儀」。

（李蓉生　攝）

Question

38

如何修六事行法往生兜率？

《上生經》指出，行者如果能修「六事法」，就能往生彌勒淨土。

六事法

六事法包括：

1. **精勤修習一切功德**：種植三田：敬田、恩田、悲田。供養三寶為敬田；供養父母、師長為恩田；供養眾生為悲田。廣修六波羅蜜行：布施、持戒、忍辱、精進、禪定、智慧。

2. **保持威儀**：嚴守戒行，不犯威儀。

3. **掃塔塗地**：莊嚴道場，以接引眾生修行。

4. **香花供養**：以香、花、素果供養三寶；以衣服、飲食、臥具、湯藥等用品，供給需要的人。

5.行衆三昧，深入正受：凡夫行三昧聞思等定，聖人入正受，隨所得禪或凡三昧非六行定。三昧即正受，由聞、思、修著手，入於正受，消除雜念煩惱。

6.讀誦經典：讀誦佛教經典，並演說修習十法行：書寫、供養、演說、諦聽、披讀、受持、開示、諷誦、思惟、修習。

六事法即六度波羅蜜

太虛大師在《彌勒上生經講要》中指出，六事法就是六度波羅蜜：布施、持戒、忍辱、精進、禪定、智慧。完全具備六度行，就是上品上生的行者，即使只修其中一、二種，也還是可以上生兜率淨土。

聖嚴法師在〈淨土思想之考察〉說：「求生彌勒的兜率淨土，不必斷盡煩惱，

（李澄鋒　攝）

獲得六通，但能修十善法，行六度行，供養承事，憶念佛像，稱誦彌勒聖號，持戒守齋；讀誦經典而發弘願者，必可往生。乃係帶業往生彼國之後，親見菩薩，皈依而觀其白毫相光，消除九十億劫生死之罪。聞說妙法，得不退轉。」

十善包括：不殺生、不偷盜、不邪淫、不妄語、不綺語、不兩舌、不惡口、不貪、不瞋、不癡，當我們修行十善時，身、語、意三業便能遠離惡業、清淨安樂，因此十善業道被視爲一切善法功德的根本，可說是學習菩薩行的基本功課。

此外，也需要持守五戒、八關戒齋、發願往生等爲加行。

Question 39

如何學習彌勒佛慈心不殺守護眾生？

彌勒菩薩的慈心無人能敵，初發心就是從慈心不殺出發。

不食眾生肉的因緣

《一切智光明仙人慈心因緣不食肉經》記載過去久遠劫在彌勒古佛住世的勝華敷世界裡，一切智光明仙人發願不食眾生肉的事蹟。

大婆羅門一切智光明，多才多藝、辯才無礙，而且自視頗高，偶聞彌勒古佛闡說《慈三昧光大悲海雲經》，便用世間一切義理與古佛辯論，最終信服成爲佛弟子，離家入山修行，精進持誦《慈三昧光大悲海雲經》，乞食爲生，過著少欲無事的生活，誓願將來成佛後，佛號也要稱爲彌勒。

某次遇上連日大雨，洪水阻斷外出道路，一切智光明七天未進食，生命垂危，林中的兔王母子為延續仙人性命、護持正法久住，決定以身供養，先後跳入火堆。仙人看到兔王母子為己捨身，悲痛地說出，寧可自己身上著火、眼睛破裂，也不忍做出殺食眾生的事；寧可自己頭破血流，也不忍吃下眾生肉；接著又發願說：「願世世不起殺想，永遠不吃肉，成佛之後，制斷肉戒。」說完便跳入火堆，與兔王母子共同捨命。

慈心不殺的誓願

根據《一切智光明仙人慈心因緣不食肉經》所說，在佛陀住世的年代，因林中經行的一行人與彌勒相遇，眾人被少年彌勒的外貌所震懾，見他全身閃耀金光、相好清淨，身相威儀與佛沒有差別，佛陀因而說出彌勒初發心因緣，告訴弟子與外道梵志，一切智光明就是眼前的彌勒，因地慈心不殺的誓願，造就日後的三十二相具足。

佛教徒受持五戒的不殺生戒，雖然是指不殺人，但是如能擴大慈悲心，不從事殺害動物的職業，甚至以素食慈悲護生，將是最直接的菩薩利他行。如能常常憶念彌勒菩薩不食眾生肉，不忍眾生受苦的心，推廣素食，保護生態，將能和彌勒菩薩一樣以慈悲心守護眾生。

Question

40

如何透過禮佛、發願、迴向來往生兜率？

希望往生兜率淨土者，是否一定要專修彌勒法門，或可兼修其他不同淨土的法門呢？

華嚴蓮社前導師成一長老，除弘揚華嚴，晚年也力倡彌勒淨土法門，從西元二〇〇〇年起，於每日早晚功課後加修彌勒法門，求生兜率淨土，並勸人發願往生，長老於《彌勒淨土法門集》一書指出往生兜率淨土的方法，不管修什麼法門，念任何的經，做任何功德，都不必改變，只要在早晚拜佛時，發願迴向兜率淨土就可以了。

苦世界變成佛世界

所謂的迴向，就是把我們所做的功德，向所要去的淨土登記，成一長老說明：「也就是把所有念佛、做好事的功德，都迴向彌勒淨土，希望將來我們跟彌勒菩薩下生人間，大家共同幫助他，把這苦世界變成佛世界。……讓我們多生多世的父母、兄弟、師長、朋友，共同生存的地方，變成佛淨土，大家一起成佛。」不用擔心天天念其他的佛菩薩聖號，卻把功德迴向兜率淨土，佛菩薩是否會生氣。長老認爲：「佛佛道同。因爲佛希望每個人都能成佛，何況佛是沒有分別心的。但是迴向工夫不可忘記。」所以要把修行的著力點，朝向我們的祈求目標，才是「成功的迴向」。

禮佛、發願、迴向法

成一長老所提出的「彌勒淨土法門修行禮佛、發願、迴向法」如下：

（李澄鋒　攝）

早晚功課或誦經禮懺後，至誠一心，禮佛、發願、迴向、三皈依。

至心頂禮南無本師毘盧遮那佛

至心頂禮南無當來下生彌勒尊佛

至心頂禮南無大方廣佛華嚴經

至心頂禮南無大乘彌勒三經

至心頂禮南無兜率會上諸佛菩薩

至心頂禮南無龍華會上諸佛菩薩

弟子＿＿＿＿以此禮佛、懺悔、誦經，功德迴向彌勒淨土，惟願今此一生當中，身心健康，福慧雙修，上弘佛道，下化眾生，更願此生臨命終時，身無病苦，心不貪戀，一心念佛，求生彌勒慈尊兜率淨土，將來更願慈氏如來放光接引，隨佛下生，參與龍華三會，親聞法要，得受菩提之記！

迴向偈

願生兜率淨土中　蓮開即見慈尊容
聞法修行成妙道　龍華三會願相逢

三皈依

自皈依佛　當願眾生　紹隆佛種　發無上心
自皈依法　當願眾生　深入經藏　智慧如海
自皈依僧　當願眾生　統理大眾　一切無礙

4

彌勒慈心皆大歡喜

Question

41

如何學彌勒佛大肚能容天下事？

我們所在的娑婆世界稱爲堪忍世界，即是住於此世間要能夠忍受種種苦難，不只要忍生老病死苦、悲歡離合苦、勝負成敗苦……，還要忍家人之間、同學之間、同事之間大大小小的相處摩擦。因此，需要有包容的肚量，才能將充滿酸、甜、苦、辣的人生百味，消化爲歡喜的法味。

我們常在寺院的楹聯上看到彌勒偈子，皆是智慧法語，勸人大肚能容，自然笑口常開，讓人看後捧腹一笑，煩惱頓消。

「處己何妨眞面目，待人總要大肚皮。」

「大肚能容，了卻人間多少事；滿腔歡喜，笑開天下古今愁。」

「大肚能容，容天下難容之事；開口便笑，笑世上可笑之人。」

（李澄鋒　攝）

「肚量能容，遂使終朝開笑口；菩提成就，都從歷劫見慈心。」

「開口便笑，笑古笑今，凡事付之一笑。大肚能容，容天容地，於人何所不容。」

在遇到忍無可忍時，不妨念一念偈子，想想彌勒大肚能容的寬容精神，消消滿腹火氣，還你開開心心好心情！

Question

42

信仰彌勒佛能招財進寶嗎？

很多商店和公司都將彌勒佛視爲財神爺，喜歡在店門口擺上雙手托著金元寶或背著大錢袋的彌勒佛，希望可以生意興隆，錢財廣進。

敬業樂群，廣種福田

從佛教經典來看，彌勒佛下生後的世界，確實是滿地珍寶，人人不愁吃穿，但是從未和財神爺有連結關係。無論是招財彌勒或是送子彌勒，其實都是人們內心期望的寄託，從而轉爲民間信仰和祈福象徵。

世間人們都希望能發財致富，以爲擁有了財富就能得到幸福的保障，其實一個人的幸福與否，不在於財富的多寡。如果我們對於事業能夠敬業樂群，成功不

（釋常濟　攝）

驕傲、失敗不氣餒、貧而能刻苦上進、富而能節儉勤勞，將工作當成服務大衆的福田，無論從事任何職業一定都是幸福愉快的。

招法財、進法寶

佛教認爲錢財不可靠，中國人在新年見面時，都會說「恭喜發財」，其實發的都是物質的身外之財。財產爲五家所共有：水、火、盜賊、惡政、不肖子，這五種因緣隨時能讓財產在一夜之間化爲烏有。因此，佛法重視的是「七聖財」：信、戒、慚、愧、聞、施、慧等七種精神的財產，是能資助人成佛的法財。

彌勒法門幫助人「信」三寶得平安，持「戒」護身心，知「慚」不自滿，知「愧」不造惡，「聞」法開智慧，布「施」培福德，修「慧」消煩惱，自然能招法財、進法寶。相對於有限的身外之財，七法財才是生生世世受用不盡的無限財富。

Question

43

爲何要學彌勒佛笑口常開？

彌勒佛又被稱爲笑佛，因爲他總是開口常笑，讓人一見就歡喜。微笑，可說是實踐彌勒慈心觀的最簡單方法，不但自己開心，也能帶給別人快樂。

從慈心觀開展四無量心

彌勒的慈心無量，佛教稱「慈悲喜捨」爲四無量心，能普利無量衆生，帶來無量福德：1.「慈無量心」能予樂；2.「悲無量心」能拔苦；3.「喜無量心」見人離苦得樂而生喜悅；4.「捨無量心」即捨如上之心不執著，並且怨親平等，捨怨親想。慈心被列爲第一，是因四無量心其實皆從慈心觀開展而成。而微笑，是最容易展現的慈心。布施微笑，便是予人歡喜。

佛見佛笑

人們通常被讚美時會燦爛一笑，但被取笑或為難時，可就笑不出來了。如果能學彌勒逆向思考，大肚能容，將能轉危為安化解尷尬，而皆大歡喜。

清代才子紀曉嵐為人機智，總能幽默化解伴君如伴虎的危機。紀曉嵐曾陪伴乾隆皇帝參訪大佛寺，乾隆見殿中的大肚彌勒佛有趣，想為難紀曉嵐而問：「彌勒佛為何見朕發笑呢？」紀曉嵐知道自己被刁難了，急中生智說：「這是佛見佛笑。您是文殊菩薩轉世的活佛，活佛來禮佛，彌勒佛一見怎能不笑呢？」

不料乾隆接著再反問：「那佛見你也笑，又是為何？」乾隆心中暗笑，以為可以難倒紀大才子，結果紀曉嵐回說：「彌勒佛見臣笑，是笑臣不能成佛啊！」皇帝一聽，樂得哈哈大笑。

（吳瑞恩　攝）

開心的笑容，不但能幫自己放鬆身心，也能舒緩緊張的人際關係，讓彼此可以因著微笑的一念慈心而交心！

Question

44

面對閒言閒語，如何像彌勒佛難忍能忍？

一句話可以讓人氣得七竅生煙，也可以化干戈爲玉帛，說話可造善業，也可造惡業，語言的影響力極大。謠言止於智者，我們除要有不背後議論人的口德，心也莫爲閒話左右而起煩惱。

忍辱波羅蜜

人們耳熟能詳《寒山寺志》中的寒山、拾得一段對話，寒山問拾得：「如果世間有人無端地謗我、欺我、辱我、笑我、輕我、賤我、惡我、騙我，我該怎麼辦？」拾得說：「只要忍他、讓他、由他、避他、耐他、敬他，不要理他。再待幾年，你且看他。」寒山又問：「還有什麼方法可以躲避嗎？」

（李澄鋒　攝）

面對閒言閒語，如何像彌勒佛難忍能忍？

拾得因而說出彌勒菩薩的忍辱方法：「老拙穿衲襖，淡飯腹中飽，補破好遮寒，萬事隨緣了。有人罵老拙，老拙只說好，有人打老拙，老拙自睡倒。涕唾在面上，隨他自乾了，我也有力氣，他也無煩惱。這樣波羅蜜，便是妙中寶，若知這消息，何愁道不了。」

悲智雙運修忍辱

要做到佛教的忍辱工夫，確實並不容易。有智慧的忍辱和壓抑的忍耐大爲不同，眞正的忍辱，並非愚癡懦弱的表現，而是從慈心觀衆生，忍一時之氣，以智慧心修練無我，以慈悲心消除人我對立，萬事隨緣了，成就難行能行、難忍能忍的菩薩道。

Question

45

如何以知足常樂的彌勒精神快樂生活？

如果你擁有彌勒佛的一口大布袋，會希望裝進滿袋財寶，或是取出無盡法寶來行善助人呢？

知足才會滿足

人要知足才會滿足，如聖嚴法師曾說：「有也足，無也足；多也足，少也足；好也滿足，不好也滿足。」他流浪於美國街頭卻不以為苦，反而感謝讓他體會：什麼都沒有的時候，才是擁有最多的時候，也感受到天下之大、天下之好。貧不等於痛苦，富也不等於快樂。無論生活條件如何，只要能建立正確的心態與觀念，勇敢地面對生活，接受它、欣賞它，就可以知足常樂。

（梁忠楠　攝）

不為欲望所苦

《佛遺教經》說：「若欲脫諸苦惱，當觀知足，知足之法，即是富樂安隱之處。知足之人，雖臥地上，猶爲安樂；不知足者，雖處天堂，亦不稱意。不知足者，雖富而貧；知足之人，雖貧而富。不知足者，常爲五欲所牽，爲知足者之所憐愍。是名知足。」知足能讓我們不爲欲望所苦，從知福、惜福，進而培福、種福，成爲眞正幸福的人。

兜率天又名知足天，那裡的天人雖然仍未離欲，卻善於知足。彌勒佛鼓勵我們少欲知足、歡喜布施，懂得知足和分享，才能感受幸福。面對日益嚴重的環境汙染，如果我們能知道欲望是眞正的生活汙染源，試著練習少欲知足，用心靈環保體驗環保生活，將能轉煩惱穢土爲人間淨土，成爲快樂的人間菩薩！

Question

46

如何學彌勒佛思考人生？

許多人都非常喜歡日本廣隆寺的彌勒半思惟像，也好奇著彌勒菩薩究竟在思考什麼。

《下生經》記載彌勒菩薩成佛，於龍華三會後，勉勵弟子們要經常修習十種觀想：

1. 無常之想：知道世間一切因緣和合的現象皆無常，皆由因緣而生、因緣而滅，不斷地生滅變化。
2. 樂有苦想：知道人生是苦。
3. 計我無我想：知道世間一切現象皆無我，沒有一個固定存在不變的個體。無我即是非我，沒有實在、永遠不變、獨立自存的主宰者。

4.實有空想：世間萬物和所有衆生皆因緣和合而有，並非實有，所以是空。
5.色變之想：觀想屍體變化的醜惡狀。
6.青瘀之想：觀想屍體經過風吹日曬，從黃赤色變黑青色。
7.膖脹之想：觀想屍體膨脹。
8.食不消想：觀想屍體被蛆蟲和鳥獸所食。
9.膿血想：觀想屍體腐爛到流出膿血。
10.一切世間不可樂想：知道三界如燃燒的火宅，充滿了煩惱痛苦，世間無安穩處，世事無可樂處。

衆生無法解脫生死得自在，是因對人生的錯誤認知，產生四種顚倒：以無常爲常、以苦爲樂、以無我爲我、以不淨爲淨，所以不斷生死輪迴造業受苦。十想的色變、青瘀、膖脹、食不消、膿血，其實就是不淨觀，透過觀察死屍的腐敗過程，助人破除貪欲，不再執著身體和眷戀感情，出離生死輪迴。

（李澄鋒　攝）

一般人想到彌勒菩薩的兜率天宮，大都想到華麗的宮殿生活，卻忽略了能夠生於兜率天的天福，其實都來自日常行善和離欲修行，所以觀想生死無常，從感受世事變化無常中，產生出離心和菩提心是非常重要的。

如果初學佛者覺得難以直面生死，還是可先由彌勒菩薩的慈心觀觀起，期許自己可以像廣隆寺的彌勒菩薩，帶著微笑祝福世界，希望眾生早日成佛。

Question

47

實踐彌勒法門能讓地球恢復健康嗎？

彌勒佛的人間淨土，沒有空氣汙染、噪音汙染、土壤汙染、水汙染，只有芳香空氣、曼妙天樂、遍地珍寶、清澈水流，是個沒有汙染的清淨世界。環境再美好，如果淨土的人們不惜福恣意揮霍，終究會轉爲穢土，而因著彌勒佛的教化，人們慈心不殺生，謙沖有禮，和樂互敬，彼此守護珍惜所居的淨土。

如果我們也能像彌勒下生的時代人們，愛惜大家生存的地球環境美好家園，愛惜四海一家的地球村手足，不待彌勒下生，地球也將能恢復蓬勃生機。想要改善地球的汙染環境，要先改善人心，聖嚴法師所推廣的四種環保，正與彌勒佛指導的人間淨土修行理念相契，能落實彌勒法門的十善法和菩薩道精神。

（梁忠楠　攝）

實踐四種環保，透過提昇人的品質來建設人間淨土。彌勒菩薩尚未能下生人間，即在於人類的煩惱過重，如果能以四種環保清淨身心環境，當下就能體驗人間的美好淨土，當下就是守護地球的人間菩薩，成爲迎接彌勒成佛好幫手。

1. 心靈環保：心淨國土淨，以菩薩的福田來看一切衆生，一切衆生都是恩人，以知恩、感恩、報恩的心來生活，人間就是淨土。

2. 禮儀環保：以恭敬尊重的心、感謝感恩的心和人相處；逢人以手合掌，時時不忘祝福人。

3. 生活環保：生活簡潔樸實，節約能源，不製造垃圾，不汙染環境，隨身攜帶環保餐具包及環保購物袋。

4. 自然環保：珍惜有限的地球資源和日益惡化的自然生態，不爲生活便利和經濟利益而破壞自然生態及地球資源。

Question

48

如何以彌勒精神成就團隊合作，皆大歡喜？

職場要團隊合作，不分你我通力成就，需要發揮彌勒的慈心和忍辱精神，慈心是一種平等的慈悲，忍辱則是一種安忍的智慧。

每天歡喜見佛

雖然我們居住在充滿煩惱的娑婆世界，但是可以試著從家庭、職場練習培育人間淨土。如果我們經常和人爭執衝突，讓人一見就討厭，如何培養福報往生兜率淨土呢？如果能視身邊的家人、同事都是未來佛，每天以歡喜見佛的喜悅來相迎，自己將如身在彌勒淨土充滿快樂。

既然是未來佛，大家都尚在修學佛道，尚未培養圓滿的功德智慧，所以需要

（張晴　攝）

以慈心和忍辱來包容不足，並發願成就眾生成佛，用願心包容所有的抱怨不滿，感恩大家讓自己能實踐六度萬行菩薩行。

慈悲沒有敵人，智慧不起煩惱

為何彌勒法門要從慈心觀開展呢？聖嚴法師曾說：「慈悲沒有敵人，智慧不起煩惱。」如果我們有慈悲心，就能包容體諒，不會和他人對立；如果我們有智慧心，就不會自尋煩惱，也不會為他人帶來困擾。

團隊合作時，既然沒有敵人，又沒有煩惱，做起事來豈不順風順水、左右逢源？不但自己樂在工作，同事們也都皆大歡喜。

Question

49 修持彌勒法門可以讓人緣變好嗎？

人們見到彌勒佛笑呵呵的樣子，無不感到歡喜快樂，如果我們也能像彌勒佛一樣給人歡喜，與人相處自然和喜自在。

大慈與一切眾生樂

《大智度論》說：「大慈與一切眾生樂，大悲拔一切眾生苦；大慈以喜樂因緣與眾生，大悲以離苦因緣與眾生。」慈是施以安樂，使眾生歡喜、快樂，帶給世界希望、光明與和平。彌勒菩薩的大慈，在於他能平等給予一切眾生歡喜。可以說，「給人歡喜」就是彌勒菩薩的「大慈」本願。因此，修持彌勒法門自然能廣結人緣。

歡喜布施，廣結人緣

為何在現實社會裡，有些人是人見人愛，有些人則是人見人厭到避之唯恐不及呢？主要原因在於和人廣結善緣或廣結惡緣，但是無論所結的是哪一種緣，皆是因緣和合而成，所以都有改變的可能。人緣不佳是因福報不足，需要透過布施來廣種福田。

布施有三種方法：

1. 財施：施捨財物，救濟貧者。
2. 法施：分享佛法，接引得度。
3. 無畏施：保護眾生，遠離怖畏。

聖嚴法師曾說：「布施的人有福，行善的人快樂。」布施行善是修持彌勒法門的基本功課，也是廣結人緣的良方妙法，無論身在何方都能和人相見歡。

Question

50

如何以彌勒精神樂觀面對未來，積極活在當下？

彌勒佛是未來佛，他所代表的不只是眾生得度的希望，也是人間成佛的典範。彌勒精神是大乘菩薩道的核心，讓所有行者能透過實踐菩薩道，從初發心依此修行成佛。

成為別人的彌勒佛

聖嚴法師於《佛法的知見與修行》說：「大乘菩薩道的精神是念菩薩，求菩薩，學菩薩，做菩薩，這才是修學菩薩道的積極態度。」因此，如果我們稱念「南無當來下生彌勒佛」，只是希望自己平安快樂，希望家庭幸福美滿，往生時去兜率淨土，這不是菩薩道的實踐。我們應當學習彌勒精神，成爲別人的彌勒佛，帶給大家快樂和希望。

彌勒從初發心不食衆生肉，歷劫修習慈心三昧，從不改變願心。如果我們能夠發願成爲人間菩薩，將能帶給世界快樂和希望。彌勒菩薩曾說「願世世不起殺想」，如果我們能擴大此願，不只不殺生，也不起所有傷害衆生的心念，以寬大慈心化解世間貪、瞋、癡，人間淨土一定能早日實現。

一念慈心見淨土

淨土和穢土的差別，不在於外在環境，而在於自己的內心體驗。當內心清淨時，所見到的世界即是美好淨土；內心不清淨，所見到的世界即是煩惱穢土。我們所在之處是否爲淨土，是否讓人煩惱，其實關鍵在於自己的心。如果我們的心不清淨自在，即使身在兜率淨土、極樂世界，還是無法感到滿足。反之，則如聖嚴法師在《念佛生淨土》所說：「有智慧的人，雖然生活於此娑婆世界的五濁惡世，卻能享受到佛國淨土的無礙自在。」當我們一念慈心起時，不只自己能於一念中見淨土，也能以此守護世界。

不論是兜率淨土或人間淨土，皆非修行的終點，而是成就未來佛的成佛之道。中國佛教常以農曆新年正月初一爲彌勒聖誕，佛教徒在這一天共同祈願世間早得安樂，彌勒早日下生廣度衆生。其實，不只彌勒佛是未來佛，所有發心成佛的佛弟子，皆是未來佛，也應發願以「佛陀接班人」自勉。

（李澄鋒　攝）

如何以彌勒精神樂觀面對未來，
積極活在當下？

學佛入門Q&A 27

彌勒佛50問

50 Questions about Maitreya Bodhisattva, the Future Buddha

編著	法鼓文化編輯部
攝影	王育發、李東陽、李蓉生、李澄鋒、吳瑞恩、施建昌、梁忠楠、郭莉蓁、許朝益、張晴、廖順得、鄧博仁、釋常濟
出版	法鼓文化
總監	釋果賢
總編輯	陳重光
編輯	張晴
美術設計	和悅創意設計有限公司
地址	臺北市北投區公館路186號5樓
電話	(02)2893-4646
傳真	(02)2896-0731
網址	http://www.ddc.com.tw
E-mail	market@ddc.com.tw
讀者服務專線	(02)2896-1600
初版一刷	2021年02月
建議售價	新臺幣180元
郵撥帳號	50013371
戶名	財團法人法鼓山文教基金會—法鼓文化
北美經銷處	紐約東初禪寺 Chan Meditation Center (New York, USA) Tel: (718)592-6593 Fax: (718)592-0717

法鼓文化

國家圖書館出版品預行編目資料

彌勒佛50問 / 法鼓文化編輯部編著. -- 初版.
-- 臺北市 : 法鼓文化, 2021.02
面； 公分
ISBN 978-957-598-879-1（平裝）

1.彌勒菩薩 2.佛教修持

225.82　　109020156